**DÉBUT D'UNE SÉRIE DE DOCUMENTS
EN COULEUR**

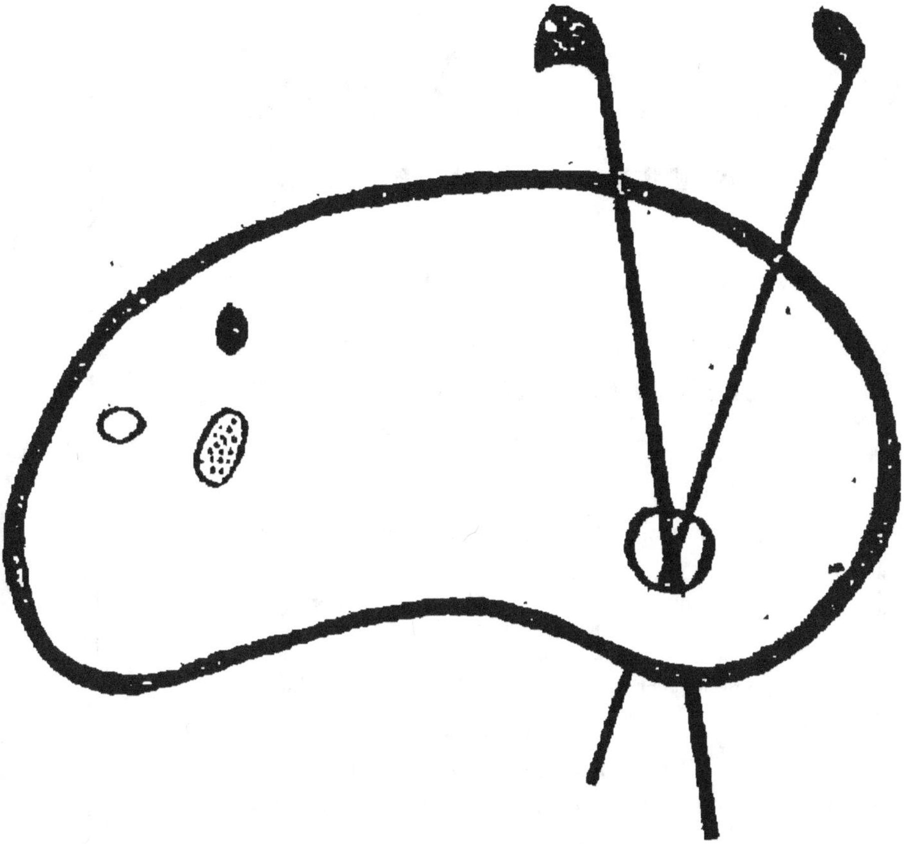

CATALOGUE

DE

LA COLLECTION

D'ESTAMPES

ANCIENNES & MODERNES

DE DIVERSES ÉCOLES

Formée par M. le Docteur RIGOLLOT, d'Amiens

DONT LA VENTE AURA LIEU PAR SUITE DE SON DÉCÈS

HOTEL DES COMMISSAIRES PRISEURS

RUE DROUOT, N° 5,

SALLE N° 5, AU 1ᵉʳ,

Le Samedi 7 Novembre 1857, à 1 heure.

Par le ministère de Mᵉ **PERROT**, Commissaire-Priseur,
quai des Augustins, 55,
Assisté de M. **VIGNÈRES**, marchand d'Estampes,
rue de la Monnaie, 13, à l'entresol ; entrée rue Baillet, 1,
Chez lesquels se distribue le Catalogue.

EXPOSITION PUBLIQUE

Le Vendredi 6 Novembre 1857, de 1 heure à 4 heures.

PARIS

RENOU & MAULDE

IMPRIMEURS DE LA COMPAGNIE DES COMMISSAIRES-PRISEURS
rue de Rivoli, 144.

1857

ORDRE DE LA VACATION

On suivra l'ordre du Catalogue.

On commencera à une heure précise.

Au comptant, cinq pour cent en plus des enchères, applicables aux frais.

M. Vignères, faisant la vente, se charge des commissions.

PORTRAITS EN BISTRE.

Collection de Portraits inédits ou rares de Personnages célèbre

REPRODUITS NOUVELLEMENT PAR LA GRAVURE.

Publiés par VIGNÈRES, marchand d'Estampes,

Rue de la Monnaie, n. 13, à l'Entresol, entrée rue Baillet, n. 1.

—◦❧◦—

ALBANY (Louise-Max. de Stolberg, comtesse d'),	Gravée par Varin.
AMOROS, colonel, fondateur de la gymnastique en France,	id.
ARGOUT (Antoine-Maurice-Apollinaire, comte d'),	J. Porreau.
BABEUF (F.-N.-Gracchus), journaliste,	id.
BARÈRE (Bertrand), de Vieuzac, conventionnel,	id.
BEAUHARNAIS (comtesse Stéphanie de), poëte, romancière,	Sisco.
BERRUYER, général, commandant des Invalides,	J. Porreau.
BERTRAND DE MOLLEVILLE, marquis, ministre, littérateur,	id.
BIEVRE (marquis de), célèbre auteur de calembours,	id.
BONJOUR (Casimir), auteur dramatique,	id.
BOSSUT (Charles), mathématicien,	id.
BRAZIER (Nicolas), auteur dramatique, d'après Marlet,	id.
BRISSOT (J.-P.), de Varville, conventionnel,	id.
CANCLAUX (J.-B. Camille, comte de), général, pair,	id.
CAYLA (comtesse de), née Talon, d'après le bar. Gérard,	Massard.
COCHON, comte de l'APPARENT, conventionnel, ministre,	J. Porreau.
DEBUREAU, acteur des Funambules, Pierrot,	id.
DE FERMONT (comte), député, conseiller d'État,	id.
DEVIENNE, actrice, Théâtre-Français,	Normand.
DONADIEU, baron, général de division,	J. Porreau.
DORAT-CUBIÈRES PALMEZEAUX, poëte, auteur dramat.	id.
DROZ (Joseph), littérateur, académicien,	id.
DUCHESNE aîné, conservateur du cabinet des estampes,	id.
DUCOS (Roger), avocat, constitut., 3e consul provisoire,	id.
ELIE DE BEAUMONT, avocat au Parlement de Paris,	Devritz.
EMPIS (Adolphe), auteur dramatique,	J. Porreau.
EPAGNY (d'), poëte dramatique,	id.
FABRE DE L'AUDE (comte), député, pair, littérateur.	id.
FIÉVÉE (J.), littérateur, auteur dramatique,	id.
FRÉRON (Louis-Stanislas), conventionnel,	id.
FROCHOT, comte, préfet, député,	id.
GARNERIN (A.-J.), inventeur du parachute,	id.
GARNERIN (Élisa), aéronaute,	id.

GAUDIN, duc de Gaëte, ministre des finances,	J. Porreau.
GENLIS (A. Brulard, comte de), cap. des gardes, convent.,	id.
GEOFFROY (J.-L.), critique, journaliste,	id.
GODOI (don Manuel), prince de la Paix,	Varin.
GOUFFÉ (Armand), chansonnier, vaudevilliste,	J. Porreau.
GUIMARD (Mademoiselle), danseuse,	id.
JOUFFROY (Théodore-Simon), professeur, académicien,	id.
JOUSSELIN DE LASALLE, homme de lettres,	J. Porreau.
KANT (Emmanuel), philosophe allemand,	Bracquemond.
LAINÉ (J.-H., vicomte), ministre et académicien,	J. Porreau.
LAMBALLE (princesse de), dess. d'ap. nature par Gabriel.	id.
LASOURCE (M.-David-Albin de), député du Tarn.	id.
LAVALLIÈRE (L.-F. de la Baume, Duchesse de)	d.
MARAT, à la tribune, dess. d'après nature par Gabriel,	id.
MARTIN (Louis-Aimé), littérateur,	id.
MAZÈRES (Édouard), auteur dramatique.	id.
MESMER, auteur du magnétisme animal,	id.
MÉZERAI, actrice, Théâtre-Français,	Normand.
ORLÉANS, duc de Montpensier (Ant.-Philippe d'), 1773-1807.	J. Porreau.
PERSUIS (L. Loiseau de), musicien, d'ap. Pierre Guérin,	id.
PETIET (Claude), député, ministre de la guerre,	id.
PHILIDOR (André-Danican), musicien, auteur du jeu d'échecs,	id.
PIXÉRÉCOURT (Guilbert de), fac-simile, d'après J. Boilly, in 4.	id.
PONGERVILLE (Sanson de), académicien,	id.
PONTUS DE LA GARDIE, général en Suède,	id.
RAMEL NOGARET, ministre des finances, préfet,	id.
REVEILLÈRE-LEPAUX, botaniste, théophilanthrope,	id.
ROBERT LINDET, député, conventionnel, ministre,	id.
ROMME (Gilbert), conventionnel,	id.
ROUGET DE L'ISLE, auteur de la Marseillaise, musicien.	Varin.
SAINT-HURUGE (marquis de),	J. Porreau.
SAINT-PRIX, acteur, Comédie-Française,	id.
SAINT-SIMON (Claude-H., comte de), philosophe,	Perrot.
SILVAIN MARÉCHAL, poëte et littérateur,	Devritz
TALLIEN (madame), née Cabarus, d'après le baron Gérard,	Massard.
TREILHARD (J.-B., comte), député, ministre, etc.,	J. Porreau.
VADIER (A.), député aux États Généraux,	id.
VATOUT (J.), poëte, académicien, bibliothécaire,	Varin.
VIGÉE (L.-G.-B.-E.), poëte et auteur dramatique,	J. Porreau.
CARTOUCHE (Louis-Dominique), fameux voleur,	Lallemand.
MANDRIN (Louis), fameux contrebandier,	Delaistre.

Chaque portrait pouvant entrer dans un in-8 est tirée in-4.
Avec la lettre, papier blanc, 1 fr.; papier de Chine, 1 fr. 25 c.
Avant la lettre, papier blanc, 1 fr. 50 c.; papier de Chine, 2 fr.
Dont il n'est tiré que 20 épr. blanc et 5 Chine.

Afin de faciliter les recherches des amateurs de portraits, soit pour les illustrations, soit pour les collections d'autographes ou autres, un Catalogue détaillé de quelques collections de portraits qui peuvent se trouver chez moi, classés par ordre alphabétique, sera remis aux personnes qui en feront la demande affranchie.

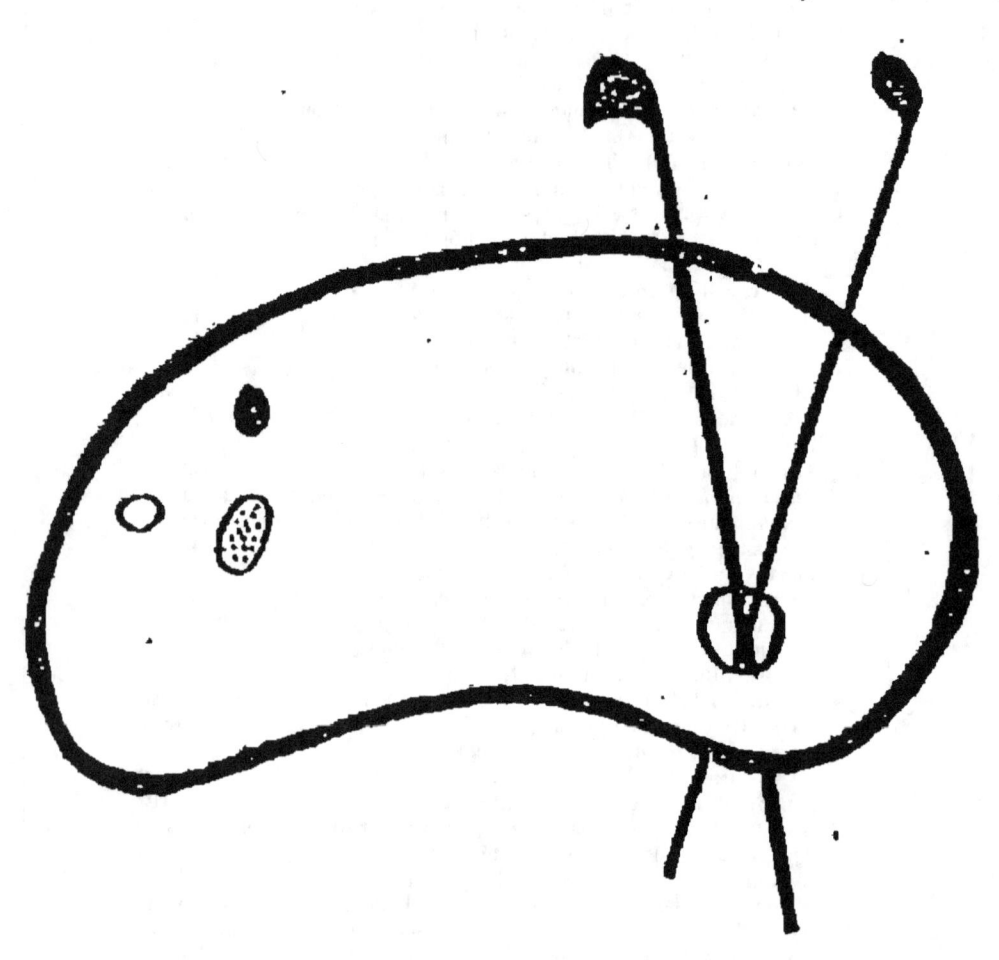

FIN D'UNE SERIE DE DOCUMENTS
EN COULEUR

31	Bourgois d'Orléans debout		5	50
92	Chardentole ancien		1	
93	Falck orgie	Antoine	13	..
99	Glockenton	Poissonnier	2	25
113	Laurence école de Douai		6	50
116	Leon de Vinci	Renouvier	3	..
117	Leotew Louis XV		2	25
144	Pasqualinus		1	
169	Soldat etach Sonhaut debout	Renouvier	5	
175	Adam et Eve		2	25
193	Stephanus		1	
200	Valentin	Renouvier	1	
213	29 pièces diverses		6	..

49	75
2	50
52	25

M. le docteur RIGOLLOT, d'Amiens, membre correspondant de l'Institut (Académie des inscriptions et belles-lettres) et de la Société des antiquaires de France, directeur de l'École de médecine d'Amiens, ancien président de la Société des antiquaires de Picardie, né en 1786, mort en 1854.

Amateur connu depuis longtemps par ses études spéciales et ses nombreux travaux sur les antiquités et la numismatique, M. Rigollot, en même temps qu'il écrivait une histoire des arts du dessin, avait entrepris de former une collection d'estampes, qui eût été véritablement une histoire de l'art, par spécialité d'Écoles, de maîtres et de genres.

Dans ce but, il s'attacha à réunir les épreuves originales des maîtres, en les rapprochant des copies pour en faire apprécier les différences, et à placer dans sa collection les compositions diverses du même sujet, afin de mettre en parallèle les talents des artistes des diverses écoles et des diverses époques.

M. Rigollot est mort avant d'avoir pu compléter sa collection, qui eût été très-remarquable par suite de la rectitude et de l'intelligente division qui avaient présidé à son classement. A côté de belles épreuves des pièces capitales, il s'en trouve de moindre importance, réunies à la collection au point de vue de l'étude de l'art, et qui, avec le temps, devaient être remplacées par de plus belles épreuves, mais l'ensemble de cette collection est extrêmement curieux par la diversité des écoles, des maîtres, des sujets.

Les Amateurs trouveront, en outre, au bas d'un grand nombre de pièces les désignations manuscrites des recherches faites sur les artistes par M. Rigollot.

Nota. La classification de M. Rigollot n'a pu être conservée pour la vente.

DÉSIGNATION

DES ESTAMPES

1 **Albert** (Chérubin). L'Ange gardien. — La Fuite en Égypte, et autres. 6 p.
2 **Aldegraver**. Le Père sévère. B. 63. Belle épr.
3 — Mercure. 77. — Hercule et Anthée. 96. — L'Intempérance, 1528. 132. — Danseur de noce. 160. L'Enseigne, 1540. 177. 5 p. Pourra être divisé.
4 — Samaritain. 43. — Le Mauvais riche. 45-46-47-48. 5 p. Copies.
5 **Andreani** (A.). Pilate lavant ses mains. Camaïeu.
6 **Baccio-Bandinelli** (D'ap.), académie de B. Bandinelli. Saint Laurent, Massacre des Innocents, et autres. 4 p.
7 **Banzo**, d'ap. Raphaël. Adoration des Mages.
8 **Bartoli** (P.-S.). Disegno della loggia di San Pietro in Vaticano, d'ap. J. Lanfranc. 17 pl. dont titre et dédicace.
9 **Baudet**, d'ap. Dominiquin. Dieu demandant à Adam et Ève pourquoi ils se cachent.
10 **Baudouin** (D'ap.), par de Ghendt. La Nuit.

11 **Beatricet**. Mort d'Adonis. Belle ép.
12 — Titius déchiré par le vautour.
13 — Saint Sébastien, Marsyas, Bacchanale d'enfants, Noces de Psyché, Batailles, etc. 7 p.
14 — Enfants sur une autruche, Apollon tuant Python, et autres. 9 p.
15 — 20 pièces de l'histoire de Psyché.
16 **Beauvarlet**, d'ap. Boucher. Le Mariage de Psyché et l'Amour. Grande pièce. Rare.
17 — D'ap. Vien. La chaste Suzanne.
18 **Beham** (H. Sebald). Travaux d'Hercule. B. 100-101-102. — Mélancolie. 144 — L'Enseigne et le Tambour. 199, etc. 6 p.
19 — L'Alphabeth romain. B. 229. — Vignette d'ornement, Combat de Centaures mâle et femelle, par Aldegraver. 229. 2 p.
20 **Bellavin** (M.-A.). Saintes Familles, Sainte Madeleine, Adoration des Mages, etc. 6 p.
21 **Belle** (De la). La grande Mort à cheval.
22 **Bois**. L'Emblème de la vie humaine. Grande pièce en 3 feuilles jointes.
23 — Tableau de Cebes, par un anonyme D. K.
24 — Divers, Burgmaer, Van Sichem, etc. 15 p.
25 **Bonasone** (Jules). Les amours de Vénus et Mars découvert par Apollon. B. 162. Belle ép.
26 — La Manne et le Frappement du rocher. B. 5. Belle ép.
27 — Silène, Repas de Naïades, Mercure et Minerve, l'Amour puni, Clœlie, saint Jean montrant la Vierge, etc. p. Pourra être divisé. *12 p.*
28 **Bonnet** (Chez). Rébecca, Bacchante, etc. 3 têtes de femmes en couleur.

29 **Bosse** (Abraham), le sculpteur. — Vêtir les nus. Loger les pèlerins. — Donner à boire. — Ensevelir les morts. Adresse de Leblond. 5 p. Belles.

30 **Boucher** (D'ap.). L'Amour enchaîné par les Grâces, le Trait dangereux, Betzabé au bain, etc. 4 p.

31 **Bourgois**. Portrait de Louis-François-Gabriel d'Orléans de La Motte, évêque d'Amiens. — Le dessin original d'après le buste, avec dédicace à M. le chanoine Roussel. 2 p.

32 — Louis-Charles de Machault, évêque d'Amiens. — La Réflexion de l'Amour, tête d'après Mieris, dédiée à ses père et mère. — Cicéron. — Agrippa. Virgile. — Mécène. 6 p.

33 **Breughel** (D'ap.). La Femme adultère, Allemode school, etc. 3 p.

34 **Bruyn**. La Résurrection, Ézéchiel xxxvii, la Transfiguration, Martyre d'un saint, etc. 4 gr. p.

35 **Callot**. Costumes de dames et seigneurs, etc. 10 p.

36 — Saint Nicolas. — Tentation de saint Antoine. — Chasse au cerf. — Foire de Nancy, etc., etc. 10 p.

37 **Caraglio**. Le Soleil, Jupiter Diane et Io en vache. 2 p.

38 **Carrache** (Par et d'après les). 15 p.

39 **Champagne** (D'ap. Ph. de). Jésus et la Samaritaine, par Édelinck. — Jésus-Christ descendu de la croix, par Morin. — Les Religieuses. — Moïse, par Édelinck et Nanteuil. 4 p.

40 **Chardin** (D'ap.). Le Bénédicité, par R. Élisabeth Marlié Lépicié. Belle ép. Marge.

41 **Chauveau**. Louis XIV recevant le prévôt Alex. de Sève et autres. Belle pièce historique.

42 **Cock** (H.), ex. 1553. Sacrifice au dieu Pan. Riche composition. Belle ép.
43 **Copies** de Martin Schongauer, Israël, de Mecken. Le Maître au caducée. 6 p.
44 **Corneille** (J.), Suzanne et les Vieillards, d'ap. An. Carrache. R. D. 5. Belle ép. Marge.
45 **Corrége** (D'ap.). La Madeleine, Vierges, l'Amour taillant son arc, Jupiter et Antiope, Danaé, etc. 7 p.
46 **Cousin**, d'ap. Murillo. La Sainte Vierge reine des anges. Ép. sur chine.
47 **Cousin** (Jean). Le Jugement dernier. 13 p.
48 **Coypel** (D'ap). Saint Pierre délivré de prison. Très-belle ép. et autre. 2 p.
49 **Coypel** (D'ap. Ch). La Jeunesse sous les habillements de la Décrépitude, par R. E. M. Lépicié.
50 — Jeu d'enfants, par Lépicié. Gracieuse composition.
51 — Daphnis, charmante pièce par Surugue. Très-bel ép. Marge. *Charpentier célèbre musicien*
52 **Cranach** (Lucas). Pénitence de Chrisostôme. B. 1.
53 — Deux pièces de la Passion, et Décollation de saint Jean-Baptiste. B. 62. 3 p. en bois.
54 **Daullé**. Portrait de Pierre Sutaine. Belle ép. Toute marge.
55 **Denon**. Résurrection de Lazare, l'Innocence traînée au tribunal de l'Ignorance. 2 p. très-belles.
56 **Desnoyers**, d'ap. Gérard. Bélisaire. Très-belle ép. avec le cachet à deux têtes.
57 **De Son**. Église de Saint-Nicaise de Reims.

Lorin 550

58 **Desplaces**, d'ap. Parmesan. Vénus et l'Amour. Belle ép. Grande marge.
59 **Dickinson**. Malvina, d'ap. E. Harvey.
60 **Dissard**, d'ap. Rapaël. Mariage de la Vierge.
61 **Dominiquin** (D'ap.). Esther, Martyre de sainte Cécile, Diane et ses Nymphes, etc. 4 p.
62 **Dorigny**. Martyre, sainte Madeleine, Adoration des Mages, etc. 6 p.
63 **Durer** (Albert). Adam et Ève. B. 1.
64 — La Vierge au singe. B. 42. — Copie A., par Wierix. Sup. ép. 2 p.
65 — Saint Hubert ou saint Eustache. B. 57.
66 — La même composition faite à la plume un peu plus grande que l'original. On lit encore au bas : *Nancy, Divion, 1593.* Cette pièce, chef-d'œuvre de calligraphie surtout pour l'époque, est sous verre.
67 — Saint Jérôme en pénitence. B. 61.
68 — La Grande Fortune. B. 77.
69 — Vierge et Jésus. B. 35. — La Petite Fortune. 78. — La Dame à cheval. 82. — Le Cavalier et la Dame. 94. 4 p.
70 — Portrait de Bilibald Pirkeymher. B. 106.
71 — L'Homme de douleur. — Enfant prodigue. — Vierge à la couronne d'étoiles. — Amymone. — Mélancolie. — Joueur de cornemuse, orig. et copie. — Le Cavalier de la mort. 9 p.
72 **Durer** (A.) *Bois.* Samson B. 2. — Sainte Famille. 102. — Martyres. 117. — Sainte Catherine. 120. — Hercule. 127, etc. 7 p.
73 ✠ Grande Passion, la Cène. B. 5, et la copie par Aug. Vénitien. — 7, 8, 9, 11, 12, 14, 16, et copie du 13. En tout 10 p.

74 — Apocalypse de saint Jean. B. n°s 62, 69, 70, 71, 74, et n°s 61 et 64 copies. En tout 7 p.

75 — Vie de la Vierge. B. n°s 77, 79, 81, 83, 89, 90. Les 86, 88, par Marc Antoine. 8 p.

76 — Petite Passion. 17, 18. Vierge aux anges. 101, 113, 125, 126 et copie du 107. En tout 7 p.

77 — (D'ap.). Pièces diverses, Vierges, etc. 7 p.

78 **Earlom**, d'ap. Q. Matsis. L'Avarice ou les Compteurs d'argent. Ép. avant la lettre.

79 **Eaux-fortes** italiennes du Guide, C. Maratte, Schidone, etc. 20 p.

80 **École Anglaise**. Lady Charlotte Johnston, d'ap. Reynolds. — Georges de Danemark. 2 portraits.

81 — Enfance de Bacchus. Jolie pièce avant toute lettre.

82 **École Flamande**. Gheyn, Sadeler, etc. 46 p.

83 — Bloemaert, Corn. Cort, etc. 26 p.

84 **École de Fontainebleau**, d'ap. Primatice, maître Roux, etc. 24 p. Sera divisé.

85 **École Française**. Bourdon, Lafage, Lemoine, Fatoure, Vuibert, etc. 46 p. Pourra être divisé.

86 **École Italienne**. Lapidation de saint Étienne. 3 p.

87 — La belle, Faldoni et autres. 30 p.

88 — Grands sujets divers. 24 p.

89 — Caraglio et autres. 14 p.

90 **Edelinck** (Jean). Jean André, comte de Morstin et de Radzimin, sénateur du royaume de Pologne. Très-belle ép. toute marge.

91 **Fac-simile** de dessins d'ap. divers maîtres. 9 p.

92 — d'une estampe très-ancienne. La Vierge avec des saintes, avec dédicace à M. Rigollot.

93 **Falck**. Orgie de soldats et courtisanes. Pièce très-rare avant toutes lettres. Très-belle ép. grande marge.

94 **Franco** (Baptista). Le Déluge, Adoration des Bergers. 2 p.

95 **Garnier**, d'ap. Léonard de Vinci. La Vierge aux balances.

96 **Gaultier** (Léonard). Portrait de Nicolas Abraham de La Framboisière, médecin du roi, 1608. Belle épr.

97 **Ghisi** (Georges Mantuan). Les six angles de la chapelle Sixtine. Anciennes ép. avant les retouches.

98 **Ghisi** (Les). Amours sur des dauphins, la Femme qui se peigne, Hercule étouffant le lion, l'Amour et Psyché, Vénus et Vulcain, les Plafonds, le Cimetière, les Prisonniers, la Calomnie, Batailles, etc. 32 p. Sera divisé.

99 **Glokenton** (Albert). Couronnement d'épines. B. 8.

100 **Godefroy**, 1810, d'ap. Raphaël. Saint Michel.

101. **Goltzius**. La Circoncision, la plus belle pièce des chefs-d'œuvre. Superbe ép.

102. **Goltzius** (Par et d'ap.). Le Parnasse, Mars et Vénus, Sainte Famille, etc. 6 p.

103. **Greuze** (D'ap.). Petite Fille lisant, par Marie Boizot. Très-belle ép. marge.

104 — L'Accordée de village. — Lecture de la Bible en couleur, par Picot. — La Madeleine, par Pascal. 3 p.

105 **Guide** (D'ap. le). La Fortune, par Biondi; Hercule, Fuite en Égypte, etc., et 2 p. d'ap. Guerchin. En tout 7 p.

106 **Holbein** (D'ap.). Lady Éliot. — Harry Guldeford. — Knight et autres. 4 p.

107 **Hollar.** Portrait de femme, d'ap. Holbein. Très-belles ép. Costumes, têtes. 5 p

108 **Janinet.** Portraits d'Henry IV et Sully, gravés en couleur. 2 p.

109 **La Hyre** (P.. et d'ap.). Marsyas, Adoration des bergers. 3 p.

110 **Landon.** Environ 110 pièces de diverses écoles.

111 **Lasinio.** Malédiction de Cham. — Les miracles de Saint-Ranieri. 2 p. Tirées du Campo Santo de Pise.

112 **Lawrence** (d'ap.). La Consolation de l'Absence. Belle ép. d'une charmante pièce d'intérieur, par N. de Launay.

113 — École de Danse, par Dequevauvillers. Jolie pièce.

114 **Le Brun** (d'ap.). Saint-Bruno, Saint-Jean, Bataille de Constantin, etc. 8 p.

115 **Le Clerc** (Seb.). Paysages, Costumes, etc. 38 p.

116 **Léonard de Vinci** (d'ap.). Sainte-Famille, Vierge, carton de Pise, etc. 8 p.

117 **Liotard** (d'ap.). Louis Quinze, gravé en manière noire, par Vispré. Belle ép., rare, marge.

118 **Lithographies.** Lesueur chez les Chartreux, etc. 5 p.

119 **Louis** (Aristide) d'ap. Scheffer, Mignon regrettant la Patrie. — Mignon aspirant au Ciel. 2 belles ép. toute marge.

Tab. 15.

Fig. 15.

120 **Lucas de Leyde**. Saint-Joachim et Sainte-Anne. B. 34.
121 — Saint-Pierre. B. 87. — Saint-Mathieu, 101 — Lucrèce, 134. — La Femme à la Biche, 153. 4 p.
122 — Les Musiciens, B. 155. Belle ép.
123 — Virgile suspendu dans un panier, B 136.
124 — (D'ap.), par Muller, La Passion. Belle suite de 14 p.
125 **Mair**. Le jeune Seigneur entrant chez la Châtelaine. Très-belle ép.
126 **Mantègne**. Bacchanale au Silène, B. 20.
127 **Mellan**. Loth et ses Filles, La face de J.-C. et autres. 5 p.
128 **Michel-Ange Buonarotti** (d'ap.). Composition de la Création, Le Déluge. 6 p.
129 — Moïse, Sainte-Famille, La vie humaine, Ganimède, Les Grimpeurs, Phaéton, David. 21 p. Pourra être divisé.
130 **Monaco**. Judith, dans un riche encadrement orné, Jésus donnant les clefs à Saint-Pierre, Jésus tombant sous la Croix. 3 pièces
131 **Moreau** (J. M.). David et Bethzabée, d'ap. Rembrandt. Sup. ép.
132 **Morel**, d'ap. David. Le Serment des Horaces.
133 **Morelse**. L'amour entre le Vice et la Vertu. Joli Camayeu de deux pl.
134 **Morghen** (R.), d'ap. Raphaël, Les quatre ronds, Justice, Philosophie, Poésie, Théologie. 4 p.
135 — Angélique et Médore. Belle ép.
136 **Morin**. Portrait de Jacques-Auguste de Thou, d'ap. Ferdinand. Sup. ép.
137 — Vierge et Jésus, d'ap. Titien.

138 **Murien** (d'ap.). Résurrection de Lazare, Saint-Hubert. 2 p.

139 **Mulinari**, d'ap. Raphaël, Psyché, Saturne, Europe, Diane et Calisto. 4 p.

140 **Ornemens**. Th. de Bry et autres. 5 p.

141 — Portefeuille historique de l'Ornement. 4 p.

142 **Palma** (d'ap.). Saint-Jean, Adoration des Bergers, Christ en Croix. 3 p.

143 **Parmesan** (d'ap.). Diogène, Saintes-Familles, Diane, Mariage de la Vierge, Camayeux, etc. 14 p.

144 **Pasqualinus**. Incrédulité de Saint-Thomas, Mort de Tancrède. 2 p.

145 **Penez** (Georges). Sophonisbé, B. 82. Belle ép.

146 — Artémise, B. 83. Sup. ép. coupée en haut.

147 — Vêtir les nuds, 59. — Porsenna, 81. — L'Histoire de Joseph en 4 p. Copies, etc., en tout 9 p.

148 **Perin del Vaga** (d'ap.). Les Muses et les Piérides, Les Déesses se préparant au jugement de Paris. 2 p.

149 **Perrier** (François). Recueil de statues antiques. 100 p. et titre, vol. cart.

150 **Pesne**, d'ap. Poussin, Le Testament d'Eudamidas.

151 **Photographie**. OEuvre de Marc Antoine Raimondi, par M. B. Delessert, 1 et 2 livraisons. 25 p. et texte.

152 **Picart** (Bernard). Filius, Léda, d'ap. A. Coypel, en manière noire. Belle ép.

153 **Picart** (B.). La Vérité recherchée, Icare, etc. 6 p.

154 **Ploos van Amstel**, d'ap. Lucas de Leyde, Jugement de Salomon.

155 **Polydore** (d'ap.). Bas-Reliefs. 5 p.
156 **Porporati**. Œnone et Paris, d'ap. V. der Werf. Belle manière noire.
157 **Portraits** divers, par Drevet, Nanteuil, etc. 12 p.
158 — Voiture, par Nanteuil et autres littérateurs. 5 p.
159 — Ecclésiastiques. 11 port.
160 — Médecins. 10 port.
161 — Louis XIV, etc. 4 port.
162 — D'Odieuvre. 10 port.
163 — **Poussin** (d'ap.). Enfance de Jupiter, Diane et Calisto, Moïse, Charité romaine, Vénus et l'Amour. 6 p.
164 **Raimondi** (Marc Antoine). Cléopâtre, B. 199.
165 — La Poésie, B. 382.
166 — La jeune Femme entre deux Hommes, B. 399.
167 — La Cène, Le Triomphe et autres. 18 p., sera divisé.
168 **École de Marc-Antoine**. L'Amour jouant au dés la vie humaine, B. XV. p. 54-11. Belle ép.
169 — Le Soldat rattachant son haut-de-chausse. Copie A, (B. 463.) Superbe ép.
170 — Dieu ordonnant à Noé de bâtir l'Arche. Copie A, (B. 3.)
171 — Trente-six pièces, par Aug. Vénitien, Sil. de Ravenne, etc., sera divisé.
172 **Raphaël** (d'ap.). Portrait d'un jeune homme, Allégories, Lucrèce, Danse d'enfans, etc. 21 p.
173 — Alexandre faisant serrer les livres d'Homère, Galathée, Noces de Psyché, etc. 10 p.
174 — L'Espérance, La Charité et tête. 3 p.

175 — Adam et Eve, Abraham et Isaac. 4 p.
176 — Sujets de la Bible de Chapron, La Petite peste, Moïse, etc. 15 p.
177 — Vierges et Saintes Familles, gravées et lithog. 16 p.
178 — Sujets de Vierges. 12 p.
179 — Sujets du Nouveau-Testament. 21 p.
180 — Saint-Jean, Sainte-Cécile, Sainte-Marguerite, etc. 9 p.
181 — Camayeu, Fac-simile de dessins. 9 p.
182 — Les Voutes ou chambres du Vatican et traits explicatifs. 17 p.
183 **Richomme**, d'ap. Guérin. Andromaque.
184 **Romain** (d'ap. Jules). Triomphe de Bacchus, atelier de Vulcain, le Charlatan, la Bataille aux échelles, de G. Penez, etc. 12 pièces.
185 **Rosaspina** (Joseph), d'ap. Francia et Pérugin. Sujets de Vierges tirés de la Pinacothèque de Bologne. 6 p.
186 **Rubens** (d'ap.). Mort de Sénèque, Saül frappé d'aveuglement. 2 p.
187 **Sadeler**. Les Cuisines, d'ap. Bassan. 4 p.
188 **Sarte** (d'ap. André del). Vierge, Ste Agnès, Christ au tombeau, Naissance de St Jean, etc. 8 p.
189 **Scotin**. Mad. la duchesse de Bourgogne. — Marie Adélaïde, princesse de Savoie, chez Mariette. 2 portraits en pieds.
190 **Silvestre** (Israël). Vues de Gaillon et autres. 6 p.

Fig. 9

191 **Somer** (P. Van). Massacre des Innocents. — Annonciation. — Visitation. — Adoration des Mages. 4 p. Très-belles ép.

192 **Stella** (d'ap.). Jésus adoré par des anges, Jésus et St Jean, le Jeu de quilles. 3 p.

193 **Stephanus**. Chasses au cerf et au lièvre et 3 p. de la Bible. 5 p.

194 **Strange** (R.). Cupido, d'après Schidone. Très-belle ép.

195 — L'Amour, d'après Vanloo. Très-belle ép.

196 **Strixner**. Annonciation. — Jésus au Jardin des Oliviers. 2 belles lithog. d'ap. des anciens maîtres.

197 **Teste** (P.). Vénus et Adonis, le Parnasse, etc. 5 p.

198 **Tintoret** (d'ap.). Le Massacre des Innocents, l'Aurore, etc. 5 p.

199 **Titien** (d'ap.). Diane et Calisto, Tarquin et Lucrèce, Triomphe du Christ, etc. 10 p.

200 **Valentin** (attribué au). La Bonne Aventure, scène de quatre personnes, — autre avec huit personnes. 2 p.

201 **Vanloo** (d'ap. C.). Triomphe de Silène, Mars et Vénus. 2 p.

202 **Véronèse** (d'ap. Paul et Alex.). Martyre d'une sainte, Vierge, Noce de Cana, Déluge, le Respect, etc. 8 p.

203 **Vico** (Enée). L'armée de Charles-Quint traversant l'Elbe. B. 18.

204 — Le Christ au tombeau, Tarquin et Lucrèce, etc. 7 p.

205 **Vien** (Jos.). Loth et ses filles. Jolie eau-forte du maître.

206 **Vignon** (Claude). Baptême de l'Eunuque et 3 p. de la vie de Jésus-Christ. 4 p.
207 **Villamena**. Les Gourmeurs, etc. 3 p.
208 **Volpato**. Les Sibylles, Alexandre et Roxane. 2 p.
209 **Watteau** (d'ap.). Arlequin au milieu d'un panneau d'ornement. Très-belle ép., par Crespy. Marge.
210 **Waumans**, d'après Van Dyck. Vierge et Jésus.
211 **Wille**. La Liseuse. — la Dévideuse. 2 p.
212 **Divers**. Le Christ au Jardin des Oliviers, le Christ mort descendu de la croix. 8 p.
213 — Sujets par divers maîtres. 49 p. Sera divisé.
214 **Sujets gracieux**. Diane et Betzabé au bain, Lucrèce, Vénus, etc. 6 p.
215 — La Mort d'Abel, Agar, les Indiens au tombeau. 6 p.
216 — Garde à vous, il n'est plus temps, Cyparisse. 4 p.
217 Sujets de Vierges d'après différents maîtres. 30 p.
218 Sujets religieux, saints, etc. 20 p.
219 **Statues**. Laocoon, Vénus, etc. 6 p.
220. Les arts au moyen âge et autres. 9 p.
221 Traitté de la Peintvre de Léonard de Vinci. Paris, Langlois, 1651, vol. rel. veau marbré.
222 **Planches de cuivre gravées**. St Paul, — portraits de Philippus dictus Audax, — Ludovicus Malanus, comte de Flandre, par P. de Jode. En tout 3 planches.

RENOU et MAULDE, Imprimeurs de la Compagnie des Commissaires-Priseurs
rue de Rivoli 144

www.ingramcontent.com/pod-product-compliance
Lightning Source LLC
Chambersburg PA
CBHW030101230526
45471CB00003B/1192